כוחה המופלא של הברכה

ריצ'רד ברנטון

כוחה המופלא של הברכה
הוצא לאור ע"י ריצ'רד ברנטון מיניסטריז
ניו זילנד

ריצ'רד ברנטון 2019

ISBN 978-0-473-68423-5 (Softcover)
ISBN 978-0-473-68424-2 (ePUB)
ISBN 978-0-473-68425-9 (Kindle)
ISBN 978-0-473-68426-6 (PDF)

עריכה
תודות מיוחדות ל –
ג'ואן וויקלנד ואנדרו קיליק
שהפכו את הסיפור לקריא יותר ממה שהוא יכל להיות

תירגום
שולמית אטיה

הפקה וסידור הדפוס
אנדרו קיליק
שירותי קאסטל פבלישינג
www.castlepublishing.co.nz

עיצוב כריכה
פאול סמיט

ציטוטים מהמקרא נלקחו מ – גרסת ניו קינג ג'ימס
(The New King James Version)
זכויות יוצרים 1982 ע"י תומאס נלסון בע"מ
שומש לאחר מתן רשות. כל הזכויות שמורות.

כל הזכויות שמורות

אף חלק מההוצאה לאור לא ניתן לשימוש מחדש,
לאחסון במערכת איחזור, או להיות מועבר
באף אמצעי או דרך, אלקטרוני, מכני, דרך צילום, הקלטה או אחרת
ללא קבלת אישור בכתב מהמוציא לאור.

התוכן

הקדמה 5
מבוא 8

חלק ראשון: למה לברך? 13
התובנה 15
כח הדיבור שלנו 18
המעבר מדיבור חיובי לברכה: הייעוד שלנו 21
מהי ברכה משיחית? 23
הסמכות הרוחנית שלנו 26

חלק שני: כיצד ליישם זאת? 33
מספר ערכים חשובים 35
עשה שדיבור טהור יהיה אורך חייך 35
שאל את רוח הקודש מה לומר 35
ברכה להבדיל מתפילת תיווך 36
אל תשפוט 37
דוגמה להמחשה 38
מצבים שונים שאנו עשויים להתמודד איתם 40
ברכה על אלה שמקללים או מגדפים אותך 40

ברכה על אלו שפוגעים בך או דוחים אותך	41
ברכה על אלו שמתגרים בך	43
ברכה במקום קללה על עצמנו	46
הבחנה ושבירת קללות	46
ברכת פינו	48
ברכת תודעתנו	49
ברכת גופנו	50
ברכת ביתך, נישואיך וילדיך	54
ברכת האב	61
ברכת אחרים על ידי דברי נבואה	66
ברכת מקום עבודתך	66
ברכת קהילה	69
ברכת הארץ	70
ברכת האל	72
מילים אחרונות מקורא	72
מילים אחרונות מהסופר	73
יישומים בחיי היומיום	74
כיצד להיות משיחי	76

הקדמה

ברצוני לעודד אותך לקרוא סיפרון זה עם המסר העוצמ־
תי הכרוך בו – זה ישנה אותך!

יום אחד ריצ׳רד ואני אכלנו ארוחת בוקר והוא חלק עימי
את סוד הברכה שאלוהים גילה לו, ומיד הבנתי את הפוט־
נציאל העצום של השפעתה בחייהם של אחרים.

הסרטתי את המסר שלו על מנת שאוכל להציג זאת בכנס
גברים שהקהילה שלנו אירגנה. הנוכחים בכנס הביעו את
רצונם שכל הקהילה תשמע את המסר, כי הוא היה כל
כך טוב בעיניהם. אנשים החלו ליישם זאת בכל תחום
בחייהם ושמענו עדויות מדהימות כתוצאה מכך. איש עס־
קים אחד דיווח שהעסק שלו התפתח מחוסר רווח לרווח
תוך שבועיים. אחרים נרפאו פיזית כשהם החלו לברך את
גופם.

הזדמנויות חדשות החלו להיפתח לשמיעת מסר זה. הוז־
מנתי לדבר בהתכנסות של כנס מאמינים (היכן שרועיי
קהילה מתאספים בכדי ללמוד ולהטען מחדש) בקניה

ובאוגנדה. בנסיעה זו ריצ'רד הצטרף אלי והרצה על כוח הברכה. המסר פרץ דרך בחייהם של אנשים שסבלו מרי־קנות וכאבים עמוקים. רוב האנשים בקהל אף פעם לא בורכו על ידי אביהם וכאשר ריצ'רד עמד בתפקיד זה רבים בכו וחוו שחרור ריגשי ורוחני יחד עם שינוי מיידי בחייהם.

הידיעה כיצד לברך השפיעה על חיי שאני עתה מחפש הזדמנויות לברך אחרים 'במילה ובמעשה'. אתה תהנה מקריאת ספרון זה, ואם תיישם זאת בחייך, פוריותך תהיה בשפע.

ג'ף וויקלנד
ג'ף וויקלנד מיניסטריז
יושב ראש ארגון מאמינים –
פרומיס קיפרז אוקלנד, ניו זילנד

אלוהים בירך את ריצ'רד עם התגלות של כוח הברכה כאשר זה מיושם על אחרים אני מאמין שזו התגלות מא־לוהים עבור זמננו.

דרך זו בה ריצ'רד מיישם את המסר בחייו, מביאה אותנ־טיות שאנשים מיד מזדהים איתה.

זו הסיבה שהזמנו את ריצ׳רד לדבר בכל הפגישות של פרומיס קיפרז (Promise Keepers). ההשפעה היתה חזקה מאוד והביאה שינוי גדול בחייהם של רבים.

ברכה היתה נושא שתפס וחדר ללבבות הגברים באירועים אלה. היתה תגובה חיובית ביותר מהלימוד החשוב הזה – הברכה, והכוח של ׳דיבור חיובי׳. רוב הגברים לעולם לא קיבלו או נתנו ברכות לעומקם. אחרי ששמעו את המסר של ריצ׳רד, וקראו את סיפרו, הם נתברכו בחוזקה והיו מצויידים לברך אחרים בשם אלוהים.

אני ממליץ על ריצ׳רד ועל סיפרו ׳כוחה המופלא של הברכה׳ כדרך עוצמתית לשחרור המלא של ברכות האלוהים על משפחותינו, קהילתינו והאומה שלנו.

פאול סובריצקי
מנהל לאומי לשעבר של פרומיס קיפרז אוקלנד,
ניו זילנד

מבוא

כולם אוהבים לקבל חדשות מרגשות – וזה אף טוב יותר כשאתה הוא המבשר אותן!

כאשר גיליתי את הערך של נתינת ברכה זה היה כאילו הייתי האיש בתנ"ך אשר גילה אוצר בשדה. חילקתי בהתלהבות את מחשבותי וחוויותי עם רועה קהילה ג'ף וויקלנד אשר ביקש ממני לדבר אל הגברים בקהילה שלו במחנה שארגנו בפברואר 2015. הם כל כך התרשמו והביאו את רצונם שהקהילה כולה תשמע מסר זה.

כאשר הבאתי את המסר לקהילה, בין ציבור הנוכחים היו רועי קהילה בריאן פראנס מכריזמה קריסטיאן מיניסטריז (Charisma Christian Ministries) ופול סובריצקי מפרומיס קיפרז נ.ז (Promise Keepers NZ). כתוצאה מכך הזדמנתי לחלוק את המסר בפגישה של כריזמה בניו זילנד ובפיג'י, ולגברים בפרומיס קיפרז. רבים אימצו זאת לליבם ומיד החלו ליישם זאת בחייהם עם תוצאות מצויינות. כמה מהם העירו שמעולם לא שמעו הוראה על היבט זה של מלכות האלוהים.

שרות הברכה התחיל לגדול ולהתפתח כמו כדור שלג. (האם אלוהים לא אומר, "מתן אדם ירחיב לו"? משלי יח פסוק 16) לקראת סוף 2015, ליוויתי את רועה הקהילה ג'ף בנסיעה לקניה ואוגנדה. מאות אנשים – רועי קהילות שונות, השתתפו בכנס שנקרא כנס הגנרלים (Gathering of the Generals). זה היה אירוע שנתי שבו רצו הנציגים למצוא השראה ותמיכה, ג'ף הרגיש שההוראה שלי על ברכה תהיה לעזרה ולתועלת להם ואכן כך היה. אולם לא רק רועי הקהילות, אלא גם דוברים אחרים מאמריקה, אוסטרליה ודרום אפריקה הרגישו שזה מסר רב עוצמה ועודדו אותי למצוא דרך בכדי שזה יגיע לקהל רחב יותר.

לא הייתי מעוניין לבנות ולתחזק אתר אינטרנט וגם לא רציתי לכתוב עבודה מעמיקה כאשר עבודות מצויינות כבר קיימות בנושא זה. המסר על ברכה הוא פשוט וקל ליישום – ולא רציתי שהפשטות תלך לאיבוד במורכבות – לכן הספר הקטן הזה.

הוצאתי ציטוטים מהספרים: The Power of Blessing by Kerry Kirkwood, The Grace Outpouring: Becoming a People of Blessing by Roy Godwin and Dave Roberts, The Father's Blessing by Frank Hammond, and The Miracle and Power of Blessing by Maurice Berquist.

אני בטוח שקיבלתי השראה ולמדתי מאנשים וספרים אחרים אבל במשך השנים הכל התמזג יחד.

התגלות הברכה תפתח דרך חדשה בחייהם של כל מי שפועל על פיה. לעיתים קרובות אני מברך אנשים בימים אלה - מאמינים ולא מאמינים - בבתי קפה, מסעדה, בתי מלון, חדרי המתנה ואפילו ברחוב. ברכתי יתומים, הצוות שעובד איתם, דיילת במטוס, פרדסים, בעלי חיים, ארנקים, עסקים ואנשים עם בעיות רפואיות. היו מצבים שאנשים בכו על כתפיי כאשר הכרזתי עליהם את ברכת אלוהים כאב.

כאשר אני מדבר עם אנשים לא מאמינים, מצאתי שהשאלה "האם אני יכול לברך אותך/את העסק שלך/את הנישואין שלך וכו?" היא פחות מאיימת מאשר "אני יכול להתפלל עבורך?" גישה פשוטה זו שבאה לידי ביטוי עם אהבה ודאגה, הובילה לכך שאחד מבני משפחתי הגיע לאמונה במשיח ישוע, לאחר שנים של ויכוחים והתנגדות.

לעיתים קרובות אינני עד לתוצאות, אך חוויתי מספיק על מנת לדעת שכוח הברכה משנה חיים. וזה שינה גם את חיי.

זה מטבע האלוהים לברך וכבני אדם שנבראנו בצלמו

זה גם בDNA הרוחני שלנו. רוח הקודש מחכה לאנשי האלוהים שיצאו באמונה ובסמכות שישוע המשיח השיג עבורם, בכדי להביא שינויים מהותיים בחיים.

אני משוכנע שתמצא ספרון זה לעזר. ישוע לא השאיר אותנו חסרי כוח. חסד רוחני זה של הכרזת ברכות על אנשים הינו מוזנח אך יש בו הפוטנציאל לשנות את עולמך.

תהנה
ריצ'ארד ברנטון
(Richard Brunton)

חלק ראשון:
למה לברך?

התובנה

אשתי היא ילידת ניו קלדוניה, היות והשפה המדוברת שם היא צרפתית, נזקקתי ללמוד את השפה כדי שאוכל לת־קשר ולבלות זמן מה בעיר הולדתה. למרות שהדת הק־תולית היא השולטת בניו קלדוניה שמתי לב די במהרה שישנם אנשים רבים אשר עדיין יש להם קשר עם 'הצד האפל' בעוד שהם הולכים באמונתם. זה לא נדיר עבו־רם לבקר אנשים שמתעסקים ביצירת קשר עם המתים (מדיום), מגידי עתידות וכו'.

זכור לי שנלקחתי על ידי אשתי לבקר אישה מאמינה קתולית בשנות ה-20 לחייה אשר פנתה לאחד מאותם 'מרפאים' לעזרה, אך זמן קצר לאחר מכן הועברה לבית עם אנשים בעלי הפרעות נפשיות. כאשר התפללתי עבו־רה וציוותי על השדים אשר נכנסו אליה לצאת בשם ישוע המשיח, כומר קתולי התפלל גם כן, ושיתוף פעולה זה הביא לכך שהבחורה נרפאה, ושוחררה מהמוסד זמן לא רב לאחר מכן.

היו אחרים אשר בד בבד עם אמונתם הקתולית הציגו

בביתם פסלים וחפצים של אלוהים אחרים. פגשתי איש אחד אשר נהג כך וסבל מכאבי בטן ממושכים, היה לו פסל בודהה גדול ושמן בחזית הבית אשר הואר בלילה. אמרתי לו שאני מאמין שהוא ירפא אם יפטר מהבודהה וחפצים אחרים דומים, הוא התנגד ותהה כיצד חפצים דוממים אלה יכולים להשפיע על בריאותו? לאחר כמה חודשים התראינו שוב וכאשר שאלתי אותו על שלום בטנו, הוא השיב באופן קצת מבוייש: "סוף סוף לקחתי את עצתך ונפטרתי מהבודהה. הבטן שלי בסדר עכשיו".

בהזדמנות אחרת, נתבקשתי לבקר בביתה של חולת סרטן, לפני שהתחלתי להתפלל הצעתי לבעלה שיפטר מפסל הבודהה שבסלון, הוא אכן עשה זאת מיד. תוך כדי שביטלתי את הקללה וציוותי על השדים לעזוב את גופה בשם ישוע, היא תיארה רוח קרה כקרח שעברה מהרג־ליים דרך גופה שיצאה מראשה.

לכן, על רקע זה, החלטתי ללמד את קבוצת תפילה שאני ואשתי התחלנו בדירתנו בנומאה על הנושא 'קללות'. הלי־מוד התבסס בעיקר על עבודתו של המורה לתנ"ך דרק פרינס (משנות ה-20). בזמן שהכנתי את המסר בצרפ־תית, הבחנתי שהמילה קללה היא מלדיקשן והמילה לב־רכה היא בנדיקשן. המשמעות השורשית למילים אלה היא: 'דיבור רע' ו'דיבור טוב'.

בעבר, כשהשוותי בין ברכות לקללות, הקללות נראו לי חשוכות, כבדות ומסוכנות, והברכות קלילות ונעימות. שמעתי בעבר הרצאות על קללות אך לא על ברכות - שככל הנראה תרמו לתפיסתי בנושא. כמו כן אף פעם לא שמעתי מישהו מברך אדם אחר עם כוונה אמיתית ומשמעותית. למעשה, היקף הברכות ששמעתי היה 'תתברך' כשמישהו התעטש או 'ברכות' בסוף מכתב או דואר אלקטרוני - אשר נראה לי יותר כמשהו רשמי מאשר מכוון ובעל ערך מהותי.

מאוחר יותר כשחשבתי על המילים 'מלדיקשין' - קללה ו'בנדיקשן' - ברכה, עלה על דעתי שאם לדיבור רע ופוגע יש השפעה חזקה, אחת כמה וכמה תהיה השפעה חזקה כאשר הדיבור טוב, ועם אלוהים, אף עוד יותר.

התגלות זאת, יחד עם עוד תובנות שנדבר עליהם בהמשך, הניעו אותי ללכת על האפיק של חיפוש מעמיק על כוחה של הברכה.

כח הדיבור שלנו

ספרים טובים ורבים כבר נכתבו בנושא – כח הדיבור שלנו, בלי לחזור על דברים אלה ברצוני לשים דגש על מה שאני מאמין שהוא חשוב מאוד בכל הקשור לזה.

ידוע לנו את אשר כתוב במשלי יח פסוק 21:

> מוות וחיים ביד – לשון ואהביה יאכל פריה.

מילים מכילות כח עצום – או חיובי ובונה, או שלילי והרסני. בכל פעם שאנו אומרים מילים (כולל הטון שבו אנו מתבטאים), אנו מכריזים חיים או מוות על ששומעים אותנו ועל עצמנו. בנוסף לכך אנו למדים מהבשורה על-פי מתי יב פסוקים 34-35:

> הן מתוך השפע בלב מדבר הפה. איש טוב מפיק דברים טובים מאוצרו הטוב; איש רע מפיק דברים רעים מאוצרו הרע.

כך, מתוך לב ביקורתי יוצאות מילים ביקורתיות; מתוך

הבוטח בצדקת עצמו, לשון שיפוטית; לב כפוי טובה, לשון מתלוננת; וכן הלאה. כמו כן, לב תאוותני נושא פרי כמ־קביל. העולם מלא בדיבורים שליליים. התקשורת מפיצה זאת יום אחרי יום. מטבע האדם אנו נוטים לא לדבר לטו־בה על אנשים או מצבים. נראה שדיבור חיובי לא בא לנו באופן טבעי. לעיתים קרובות רק אחרי שאנשים נפטרו אנו מדברים טובות עליהם. אולם, מתוך לב אוהב ולשון חיננית, יפרוץ כמעיין 'אוצר טוב' שמביא שלום, פיוס וכו'.

האמירה, "ואהביה יאכל את פריה" מציעה שאנו קוצרים את אשר זרענו - אם לטוב או לרע. במילים אחרות, אתה תקבל את אשר אמרת. מה דעתך על כך?

דבר זה נכון לגבי כל בני האדם, באם הם משיחיים או לא. מאמינים ולא מאמינים כאחד, מושפעים לטובה כאשר המילים שהם דוברים הן מילים חיוביות ובונות. לדוגמה - ילד שהאב אומר לו, "צריך גדול בנית, אתה יכול להיות אדריכל מעולה יום אחד, איזה יופי".

עם זאת, אדם משיחי בלידתו מחדש מקבל לב חדש. התנ"ך מציג זאת כך: "אנו בריאה חדשה" (השנייה אל הקורינתים ה פסוק 17). לכן כמאמינים אנו צריכים לגדול יותר בדיבור הטוב ופחות בדיבור רע. אנו צריכים להגן על לבנו ועל דיבורינו, כך שלא ניסטה לדיבור שלילי, דבר

שעלול לקרות בקלות. ברגע שתתחיל לחשוב במודע על כך, תתפלא עד כמה לעיתים קרובות מאמינים מקללים את עצמם או אחרים אפילו באופן בלתי מכוון. עוד על כך בהמשך.

המעבר מדיבור חיובי לברכה: הייעוד שלנו

כמאמינים אשר חייו של ישוע זורמים דרכינו, אנו יכולים לא רק לדבר טובות על האנשים אלא הלאה מזה – להאציל ולהרעיף ברכות עליהם. ואכן אנו נקראים לעשות זאת. אולי זוהי הקריאה הגדולה שלנו..הביטו בפסוקים:

היו רחמנים וענווים על תשלמו רעה תחת רעה ולא חרוף תחת חרוף: עד רבה – תברכו, שהרי לכך נקראתם, למען תרשו את הברכה. (אגרת פטרוס הראשונה ג פסוקים 8,9).

אנו נקראים לברך ולקבל ברכה.

הדבר הראשון שאלוהים אמר לאדם וחוה היה ברכה:

ויברך אותם אלוהים ויאמר להם אלוהים פרו ורבו ומלאו את הארץ וכבשה... (בראשית א פסוק 28)

אלוהים בירך אותם על מנת שהם יהיו פוריים. ברכה היא

תכונה אופיינית לאלוהים - זה מה שהוא עושה! וכשם שאלוהים מברך - כך גם לנו יש את הסמכות והיכולת לברך אחרים.

ישוע בירך. הדבר האחרון שעשה אפילו כשעמד לעלות השמימה, היה לברך את תלמידיו:

> הוא הוציא אותם עד בית עניה, נסע את ידיו וברכם. בשעה שברך אותם נפרד מהם ונישא השמימה. (לוקס כד פסוקים 50,51)

ישוע הוא המודל לחיקוי שלנו. הוא אמר שעלינו לנהוג באותה הדרך כמוהו, בשמו. נבנינו על ידי אלוהים לברך.

מהי ברכה משיחית?

בתנ"ך אנו רואים ששורש המילה ל'ברכה' הוא ברך. ומשמעותו בפשטות, 'להכריז את תכליתו של אלוהים'.

בברית החדשה, המילה לברכה ביוונית היא eulogia, שממנה אנו מקבלים את המילה eulogy (שבח). אז, בפועל, זה אומר 'לדבר לטובה' או 'להכריז את מגמתו הטובה של אלוהים'.

זוהי ההגדרה לברכה שאשתמש בספר זה. משמעותה של ברכה היא להכריז את מגמתו הטובה של אלוהים על אדם או מצב מסויים.

על פי רוב, אלוהים בחוכמתו, החליט לעבוד בשיתוף עם אנשיו על מנת להקים את מלכותו עלי אדמות. בהתאם לכך הוא רוצה שנברך בשמו. על כן כמאמין אני יכול להכריז את כוונתו הטובה של אלוהים על אדם או מצב מסויים בשמו של ישוע. אם אני עושה זאת באמונה ובאהבה, יש לי את הכוח והתמיכה של אלוהים, ואני יכול לצפות שאלוהים ישנה את הדברים מאיפה שהם נמצאים

עתה להיכן שהוא רוצה שיהיו. כאשר אני מברך משהו במכוון, עם אהבה ואמונה, אני נותן מקום לאלוהים להפעיל את תכניותיו עבור אדם זה.

מצד שני, מישהו יכול במכוון או בשגגה, להכריז את כוונות השטן על אדם אחר, או אפילו על עצמו, שמאפשר אז לכוחות השטניים לפעול על האדם או המצב המסויים – וזה אשר נאמר שהוא בא "לגנוב, להרוג ולהרוס". אך השבח לאלוהים,

> הוא אשר בכם גדול מזה שבעולם (איגרת יוחנן הראשונה ד פסוק 4).

הרצון לברך הוא במרכז ליבו של אלוהים – אכן טבעו! רצונו לברך עולה על גדותיו בנדיבותו, אין דבר שיכול לעצור אותו. הוא נחוש לברך את האנושות. כמיהתו היא שיהיו לישוע אחים ואחיות לרוב. אלו הם אנחנו! בעוד שזה בלב האלוהים לברך את האנושות, הוא רוצה עוד יותר שאנשיו יברכו זה את זה. כאשר אנו מברכים בשמו של ישוע, אנו חושפים את רצון האב וכתוצאה מכך רוח הקודש נוכחת. על מנת ליישם זאת ובהשראתה אנו דוברים את המילים שהאב רוצה שיאמרו. אני כל הזמן נדהם עד כמה זה נכון. כאשר אני מברך מישהו, רוח הקודש מעורבת – בנוכחותה אהבת אלוהים שופעת, וחל שינוי

לטובה. לעיתים קרובות אנשים מחבקים אותי לאחר מכן, או אומרים לי בדמעות, "אינך יודע באיזה תזמון טוב ועוצ־מתי זה היה"; או "אינך יודע עד כמה נזקקתי לזה".

אך הנה משהו חשוב מאוד לציון: היחס האינטימי שלנו עם אלוהים ונוכחותו, הוא המקור ממנו אנו מברכים. חשובה ביותר היא הקרבה הרוחנית לאלוהים. במשיכת רוח קודשו דברינו הם דבריו ובכוחו יתגשמו כוונותיו עבור האדם או המצב המסויים. אך בואו נגבה את זה קצת...

הסמכות הרוחנית שלנו

תפקיד הכהנים במקרא היה לעמוד בתווך בין אלוהים והעם ולהכריז את ברכותיו.

וידבר אלוהים אל משה לאמור: דבר אל אהרון ואל בניו לאמר כה תברכו את בני ישראל אמור להם:

יברכך ה' וישמרך יאר ה' פניו אליך ויחונך ישא ה' פניו אליך וישם לך שלום.

ושמו את שמי על בני ישראל ואני אברכם.
(במדבר ו פסוקים 23-27)

הקריאה שלנו כמאמינים בברית החדשה:

אבל אתם עם נבחר, ממלכת כהנים וגוי קדוש, עם סגולה, למען תספרו תהילותיו של הקורא איתכם מחושך אל אורו הנפלא. (איגרת פטרוס הראשונה ב פסוק 9)

וישוע

...עשה אותנו ממלכת כוהנים לאלוהים אביו...
(התגלות א פסוק 6)

לפני זמן מה, ישבתי במצפור Ouen Toro, ב Noumea, ותמהתי איזה מסר אביא לקבוצת תפילה מסוימת. חשתי כי אלוהים אומר, "אינך יודע מי אתה". וכמה חודשים לאחר מכן: "אם רק ידעת את הסמכות שיש לך בישוע המשיח היית משנה את העולם". שני המסרים האלה היו עבור הקבוצה הזו אבל, מאוחר יותר הבחנתי שהם היו גם עבורי.

לפי דעתי באופן כללי ידוע בקרב המאמינים שדיבור ישיר אל המחלה ("הר" - מרקוס יא 23) וציווי שאדם ירפא הוא יעיל יותר מאשר לבקש מאלוהים שיעשה זאת (מתי י פסוק 8, מרקוס טז פסוקים 18-17). זה בהחלט היה הניסיון שלי ושל עוד מאמינים רבים וביניהם ידועים ומ־כובדים בשירות של תפילה בעבור ריפוי, ושחרור מהפר־עות נפשיות או רוחניות. אני מאמין שישוע אומר למעשה "אתה תרפא את החולה (בשמי). זהו לא התפקיד שלי אלא שלך. אתה תעשה זאת".

אלוהים רוצה לרפא והוא רוצה לעשות זאת דרכנו.

אלוהים רוצה להביא שחרור והוא רוצה לעשות זאת דר־כנו. אלוהים רוצה לברך והוא רוצה לעשות זאת דרכנו. אנו יכולים לבקש מאלוהים שיברך, או אנו יכולים בעצמנו לברך בשמו של ישוע.

זכור לי לפני כמה שנים, שיצאתי מוקדם מהרגיל ממקום עבודתי על מנת לברך את העסק שלי. התחלתי עם "אלוהים, ברך קולמר - ברנטון". זה הרגיש שטחי. ואז שניתי את זה - קצת בהססנות בתחילה - מ"אלוהים ברך קולמר - ברנטון" ל:

קולמר ברנטון, אני מברך אותך בשם האב, הבן ורוח הקודש. אני מברך אותך באוקלנד ואני מברך אותך בוולינגטון ואני מברך אותך באזורים השונים. אני מברך אותך בעבודה ואני מברך אותך בביתך. אני מתיר את נוכחות מלכות האלוהים במקום הזה. בואי נא רוח הקודש, ברוכה הבאה. אני מתיר במ־קום הזה אהבה ורינה ושלום וסבלנות ואדיבות וטוב לב ועדינות ונאמנות וריסון עצמי ואחדות. בשם ישוע אני מתיר רעיונות שיוזמתם ממלכות האלוהים שיעזרו ללקוחות שלנו להצליח ושהעולם יהיה עולם טוב יותר. אני מתיר אהדה וחן בעיני הלקוחות בשוק. אני מתיר אהדה וחן במקומות התעסוקה.

אני מברך את החזון שלנו: "עסקים טובים, עולם טוב יותר". בשם ישוע, אמן.

בכניסה, יישמתי רוחנית את ההגנה של דם ישוע על העסק שלנו.

ברגע ששיניתי את האופן בו בירכתי "אלוהים ברך קול־מר-ברטון" ל "אני מברך קולמר-ברטון בשם האב, הבן ורוח הקודש", אלוהים משך אותי ברוח קודשו – וחש־תי את הנאתו ואת אישורו. זה היה כאילו הוא אומר לי, "תפסת את זה; בני, כך רצוני שתעשה". למרות שכבר מאות פעמים ברכתי כך, אני תמיד חש את הנאתו של אלוהים עלי. והתוצאה? האווירה במשרד השתנתה במה־רה, עד כדי כך שאנשים באופן גלוי דיברו על זה, ותמהו מדוע הדברים כה שונים. זה באמת היה מדהים! הברכה אכן יכולה לשנות את עולמנו. אך לא עצרתי כאן. בבוקר, בעוד שהמשרד עדיין ריק, כשהגעתי לכיסא של משהו שהיה זקוק לחכמה עבור מצב מסוים, הייתי מברך אותו ומניח את ידי על כסאו, באמונה שהמשיחה תגשים את הברכה והיא תעבור מהנגיעה בבד לנגיעה באדם עצמו (מעשה השליחים יט פסוק 12). בכל פעם שהייתי מודע למצבים מסוימים שאנשים התמודדו איתם, הייתי מברך אותם באופן זה.

זכור לי במיוחד מקרה של אדם אשר היה מגדף באופן שכיח, כלומר היה דובר את שם אלוהים עם זעם. בוקר אחד הנחתי את ידי על כסאו, גערתי ברוח הרעה של גידוף וציוותי שתפסיק לפעול דרכו, בשם ישוע. זה לקח מספר נסיונות, אך לבסוף הרוח הרעה נכנעה לכוח הג־דול יותר והגידוף נעלם משפת דיבורו במקום העבודה.

בנוסף זכור לי אדם אחד אשר הגיע אלי על מנת שאתפ־לל עבורו, הוא רצה שאלוהים יוציא אותו ממקום עבודתו כי כל אחד שם היה מגדף. אני ראיתי זאת בהבט הפוך: איש זה היה שם בכדי לברך את מקום עבודתו ולשנות את האוירה! אנו יכולים לשנות את עולמנו.

אני גיבשתי את ההשקפה כי בעוד אלוהים רוצה לברך בעצמו את האנושות, הוא רוצה אפילו יותר עבורינו – שאנו, ילדיו – נברך את האנושות. יש לכם סמכות רוחנית. אתם תברכו!

אבינו שבשמים רוצה לשתף אותנו בעבודת הגאולה שלו עלי אדמות. אנו יכולים לברך את האנושות בתפילות עבור ריפוי ושחרור רוחות רעות אך אנו יכולים לברך את האנושות גם במילים שאנו דוברים. אנו האנשים שאלוהים משתמש בהם בכדי לברך את העולם. איזו זכות ואחריות!

על כן, הברכה עבורי, היא הכרזת רצון אלוהים וכוונתו עבור אנשים או מצבים מסוימים באהבה, במכוון, עם עיניים פקוחות, עם סמכותה ובכוחה של רוח הקודש. ובכך אנו מאפשרים לאלוהים לשנות דברים מהמצב שהם נמצאים עכשיו להיכן שהוא רוצה שהם יהיו.

ותזכרו - אנחנו מבורכים בגלל שאנחנו מברכים.

חלק שני:
כיצד ליישם זאת?

מספר ערכים חשובים

עשה שדיבור טהור יהיה אורך חייך

מאותו הפה יוצאת ברכה וגם קללה. אחים שלי, לא צריך שיהיה כדבר הזה! (אגרת יעקב ג פסוק 10)

ואם תוציא יקר מזולל כפי תהיה (ירמיהו טו פסוק 19 ב)

אם ברצונך להכריז את דבר אלוהים על אנשים, עליך להי־מנע מדיבור חסר ערך – או גרוע מחסר ערך.

שאל את רוח הקודש מה לומר

עורר את רוחך (תוך כדי שירת הלל או דיבור בלשונות). בקש מרוח הקודש שתתן לך לחוש את אהבת האב עבור האדם שאתה רוצה לברך. הנה דוגמה כיצד אתה יכול להתפלל:

אבינו, מה ברצונך שיאמר? אנא תן לי מילת ברכה

עבור אדם זה. כיצד אני יכול לעודד או לנחם אותו או אותה?

ברכה להבדיל מתפילת תיווך

רוב האנשים מוצאים שקשה להם ללמוד כיצד לברך. בקביעות הם מבקשים מהאב שיברך. אם כי שזהו דבר טוב, ברכה מסוג זה היא למעשה תפילה, וחשוב לדעת את ההבדל. הכרזת ברכה אינה תחליף לתפילה, אלא היא ליווי עבורה – הם צריכים באופן קבוע להימצא ביחד.

הסופרים רוי גודווין ודייב רוברטץ הביעו זאת היטב בספרם 'The Grace Outpouring':

כאשר אנו מברכים, אנו מדברים ומביטים ישירות בעיני מי שעומד בפנינו (אם אכן זה המצב). לדוגמה, אנו יכולים לומר משהו כמו, "אני מברך אותך בשם ה' שהוא ימלא אותך בחסדו של האדון ישוע. ובשמו אני מברך אותך באהבת האב שתסובב אותך ותמלא אותך, ושתדע בעמקי נשמתך עד כמה אתה אהוב ומקובל על ידו".

שימו לב לביטוי בגוף ראשון 'אני'. זה אני אשר מכריז את הברכה בשם ישוע ישירות על בן האדם. לא

התפללתי לאלוהים וביקשתי שיתן את הברכה אך הכרזתי זאת בעצמי על פי הסמכות שישוע נותן לנו לעשות זאת על מנת שהוא יבוא ויברך אותם.

אל תשפוט
אל תשפוט אם אדם מסויים ראוי לברכה או לא. ברכה אמיתית, משקפת את הדרך בה אלוהים רואה את האדם או את המצב המסויים. מוקד אלוהים הוא לא על היבט הדברים כרגע, אלא על איך שהם אמורים להיות.

לדוגמה, אלוהים קרא לגדעון "גיבור חיל" (שופטים ו פסוק 12) כאשר, באותו הזמן הוא היה ההפך! ישוע קרא לפטרוס "סלע" (מתי טז פסוק 18) לפני שהיו לו "הכתפיים" לשאת תלות של אחרים עליו. בנוסף, אנו קוראים, באיגרת אל הרומים ד פסוק 17 "אלוהים...המחייה את המתים והקורא בשם דברים בעוד אינם בנמצא". אם אנו מבינים זאת זה יבטל את נטייתנו לפעול 'כשופטים' ומחשבותינו אם האדם ראוי לברכה או לא.

ככל שאנשים לא ראויים לברכה, הם אף יותר זקוקים לזה. מי שמברך את הלא ראוי לברכה מקבל ברכה גדולה יותר בתמורה.

דוגמה להמחשה

תארו לכם אדם בשם פרד שיש לו בעיית שכרות. אשתו איננה שמחה עם התנהגותו, ויתכן שתתפלל משהו כדו־מה: "אלוהים ברך את פרד. גרום לו לוותר על ההשתכ־רות ולהקשיב לי". אבל זה יהיה יותר עוצמתי לומר משהו כמו:

> פרד, אני מברכת אותך בשם ישוע. שתכניותיו של אלוהים עבורך יתגשמו. ושתהיה האיש, הבעל והאב שבתכליתו של אלוהים בעבורך. אני מברכת אותך בשחרור מההשתכרות. אני מברכת אותך בשלום המשיח.

הברכה הראשונה מפנה את התפקיד לאלוהים. איננה דורשת מאמץ - זאת עצלנות. היא שיפוטית וצדקנית, וממוקדת על חטאיו של פרד.

הברכה השניה דורשת יותר מחשבה ויותר אהבה. היא איננה שיפוטית ומתמקדת על הפוטנציאל של פרד ולא על מצבו הנוכחי. לאחרונה שמעתי מישהו אומר שהשטן יודע את שמותינו והפוטנציאל הכרוך בנו אך קורא לנו על פי חטאינו, בעוד אלוהים יודע את חטאינו אך קורא לנו על פי השם האמיתי שלנו והפוטנצייל הכרוך בנו. הבר־

כה השניה היא יותר בקו המחשבה של אלוהים, תוכניותיו וכוונותיו. היא משקפת את ליבו של אלוהים עבור גאולת האנושות. זכור, אלוהים אוהב את פרד.

מצבים שונים שאנו עשויים להתמודד איתם

אני עדיין לומד על כל נושא הברכה. בהתחלה לא ידעתי כיצד לברך, ולא מצאתי הרבה מידע שיעזור לי. הבחנתי במהרה שיש מצבים מסוגים שונים, על כן אני רוצה להביא בפניך את ההצעות הבאות. תוכל לסגל זאת למצבים והצרכים הספציפיים, ובהתאם למה שאתה מאמין שרוח הקודש רוצה שתאמר. העניין מצריך תרגול, אך זה שווה את זה.

ברכה על אלה שמקללים או מגדפים אותך
לפני שנים רבות, שכירה אשר הגישה את התפטרותה זמן קצר לפני כן באה לביתי לקפה בכדי להיפרד. אמונתה היתה לאורך קווי המחשבה של העידן החדש – 'הטוב שבפנים', וכד'. במהלך השיחה היא אמרה ששתי החברות שעבדה עבורן, פשטו רגל, לאחר שעזבה אותן. למרות שלא הייתי מאמין זמן רב, עם זאת הבחנתי שדבריה היו כמו קללה המחכה לנחות. לרגעים ספורים הרגשתי פחד, אך סירבתי להיכנע לו. אולם יכולתי לפעול מעבר

לזה ולברך אותה. לאחר בקשת רשות להתפלל עבורה את שבליבי, יכולתי לומר משהו כדומה :

דבורה (לא שמה האמיתי), אני מבטל את השפעת הכישוף בחייך. אני מברך אותך בשם ישוע. אני מכ־ריז את טובו של אלוהים עליך ושתוכניותיו עבורך יתגשמו... אני מברך את המתנות שבהם ניחנת, ושהן יברכו את המעסיק החדש ויביאו כבוד לא־לוהים. ושתהיי האשה הנפלאה שאלוהים התכוון שתהיי. בשם ישוע, אמן.

ברכה על אלו שפוגעים בך או דוחים אותך

יום אחד התפללתי עבור אישה שסבלה מבעיות נפשיות וכלכליות לאחר שבעלה עזב אותה. שאלתי אותה אם היא מוכנה לסלוח לו. אכן זה היה קשה, אבל לזכותה, היא עשתה זאת. לאחר מכן שאלתי אותה אם היא מוכנה לברך אותו. היא הזדעזעה קצת, אך הסכימה לנסות. אף על פי שבעלה לא היה נוכח, הדרכתי אותה ככתוב כאן:

אני מברכת אותך בעלי, שכל תוכניותיו של אלוהים עבור חייך ונישואינו יתגשמו. שתהיה האדם, הבעל והאב שבתכליתו של אלוהים עבורך. חסד אלוהים וטובו יהיו עמך בשם ישוע, אמן.

בתחילה זה היה מביך, אך היא הבינה את ליבו של אלוהים והתמלאה ברוח קודשו. שנינו בכינו כאשר רוח הקודש עזרה לה ואני מאמין שגם עזרה לבעלה. דרכנו אינם דרכי אלוהים.

לברך במצבים שכאלה זה אמיץ - אדיר, אפילו - דימוי המשיח.

לברך את מי שלא ראוי זה לב האלוהים - הייחודיות שלו. חשוב על הגנב שנצלב ליד ישוע, או האשה שנתפסה בניאוף. מה באשר לך ולי? בעולמנו אין נטייה טבעית לברך במצבים קשים וכואבים. אך זוהי דרך אלוהים, שי־כולה להביא ריפוי גם לנותן וגם למקבל הברכה. זה חותך את העוקץ הרעיל של מרירות, נקמה, טינה ורוגז, שעלו־לים להזיק לבריאותנו ואף לקצר את חיינו.

הנה דואר אלקטרוני שקיבלתי לאחרונה מדניס:

> לפני כשלושה חודשים דיברתי עם אחי בטלפון. אי־נו מתקשרים לעיתים תכופות כיוון שהוא חי ועובד בעיר אחרת.
>
> לקראת סיום השיחה הידידותית שלנו, שאלתי אותו אם הוא ירשה לי לברך את העסק שהוא ואשתו

מנהלים. תגובתו לא היתה טובה. הוא היה חצוף ואמר דברים שגרמו לי לצער רב, ותהיתי אם היחסים שלנו נפגעו לצמיתות. עם זאת בימים ובשבועות שלאחר מכן, בחיי היומיומיים, השתמשתי בעקרונות של הכוח המדהים של הברכה והכרזתי את טובו של אלוהים על העסק של אחי. לפעמים עשיתי זאת פעמיים או שלוש ביום. ואז, לאחר שלושה חודשים, יום לפני כריסטמס, אחי התקשר אלי כאילו כלום לא קרה. די נדהמתי מהיחס הידידותי שלו אלי ולא היתה כל טינה בינינו.

הכוח העצום של ברכה במצבים שמחוץ לשליטתנו אכן עובד... הלולויה!

ברכה על אלו שמתגרים בך

אחד הדברים אשר כה מרגיזים לכמה מאתנו הוא כאשר אנו נוסעים בכבישים והנהגים ברכבים מסביבנו נוהגים באופן אנוכי, בלתי מתחשב וברמאות. זה קורה כל הזמן. מילים לא טובות נוצרות במחשבותינו ויוצאות במהרה מפינו. כאשר זה מתרחש, אנחנו מקללים מישהו אשר אלוהים ברא וגם אוהב. יכול מאוד להיות שאלוהים יגן עליו.

בפעם הבאה שזה קורה נסה לברך את אותו נהג במקום לומר מילים של כעס:

אני מברך את הנהג הצעיר אשר חתך אותי (נדחף בתור). אני מכריז את אהבתך עליו. אני מתיר את כל טובך עליו וכל כוונתיך עבור חייו. אני מברך אותו וקורה להתגשמות הפוטנציאל שלו בחייו. שיגיע בשלום לביתו ושיהיה לברכה למשפחתו. בשם ישוע, אמן.

או באופן פחות פורמלי:

אבא, אני מברך את הנהג שבמכונית הזו, בשם ישוע המשיח. תן שאהבתך תרדוף אותו ותשיגו!

לאחת הקוראות שלי היתה הערה מעניינת:

הדבר ששמתי לב אליו הוא שהברכה שינתה אותי. לדוגמה – אינני יכולה לברך מישהו ולאחר מכן לומר – או אף לחשוב – מחשבות לא טובות עליו. זה לא יהיה נכון. במקום זאת אני מצפה לתוצאות טובות שיגיעו מהברכה... – ג'יליאן

ידיד שלי בשם ג'ון הזמין אותי להתפלל עבור משפחתו

אשר היו בסכסוך לגבי ירושה. הסכסוך נמשך ונמשך ונהיה בלתי נעים יותר ויותר. הצעתי שבמקום להתפלל נברך את המצב.

אנו מברכים את מצב הסכסוך הזה הקשור בירושה בשם ישוע. אנו יוצאים נגד מחלוקת, מריבה וסכ־סוך ואנו מכריזים צדקה, פשרה ופיוס. בזמן שאנו מברכים את המצב, אנו מניחים בצד את המחשבות והרצונות שלנו ומשחררים את אלוהים למען יפעל על פי תוכניותיו בעניין המחלוקת על הירושה. בשם ישוע, אמן.

בטווח של יומיים הסכסוך נגמר באופן ידידותי.

הנה משהו אהוב עליי שאמר אחד מקוראי הספרון שלי:

הופתעתי מהתגובה המהירה שראיתי בלברך אח־רים. זה כאילו שאלוהים מחכה לשפוך את אהב־תו על האנשים אם רק נכריז את הברכות עליהם.
- רועה קהילה דרווין אולסון, ג׳ינקשן סיטי, אורגון כנסיית נזארין.

ברכה באמת יכולה לשנות את עולמנו.

ברכה במקום קללה על עצמנו

הבחנה ושבירת קללות

כמה שכיחות מחשבות כאלה: "אני מכוער, אני טיפש, אני מגושם, אני קשה תפיסה, אף אחד לא מחבב אותי, אלוהים לעולם לא יוכל להשתמש בי, אני חוטא..."? ישנם כל כך הרבה שקרים שהשטן גורם לנו להאמין בהם.

יש לי ידיד שעושה זאת כל הזמן, וזה מעציב אותי. "אוי, את ילדה טיפשונת, רוז (לא שמה האמיתי). עשית בלאגן שוב. אינך יכולה לעשות דבר נכון..."

אל תחזור או תקבל את הקללות האלה על עצמך! במקום זאת, הכרז ברכות על עצמך.

זכור לי מצב מסוים שהתרחש בקבוצת תפילה. הבחנתי ברוח של חוסר ערך שהשפיע על אישה אחת שביקשה שהקבוצה תתפלל עבורה. במשך התפילות, שמעתי אותה אומרת, "אני טיפשה". שאלתי אותה היכן היא

שמעה זאת. היא השיבה שהוריה היו אומרים לה את זה. כמה עצוב... וכמה שכיח.

הדרכתי אותה באופן הזה:

> בשם ישוע, אני סולחת להורי. אני סולחת לעצמי. אני מבטלת את כוח המילים שהורי דיברו עלי ושאני דיברתי על עצמי. יש בי את תודעת המשיח. אני פיקחית.

לסיכום ביטלנו את השפעת רוח הדחייה וחוסר הערך, ואז ברכתי אותה והכרזתי עליה שהיא נסיכה של אלוהים, שהיא בעלת ערך עבורו, ושאלוהים דרכה יברך אחרים ויביא להם ריפוי ותקווה. ברכתי אותה שתתמלא באומץ לב.

לאט לאט היא ספגה את הברכה. היא התחילה לקרון. בשבוע שלאחר מכן היא הבחינה כמה זה טוב היה עבורה. אנחנו אכן יכולים לשנות את עולמנו.

כל אחד יכול לעשות זאת. התנ"ך מלא בכוונות טובות עבור האנושות ואנו יכולים להכריז את כוונותיו על האנשים.

אני רוצה להביא עוד דוגמה. לפני זמן מה התפללתי עבור אישה שסבלה מכאבי בטן. כאשר התפללתי, רוח הקו־דש נחה עליה והיא התקפלה בזמן שהשדים יצאו ממנה. הכל היה טוב לכמה ימים ואז הכאב חזר. ׳למה, אדון?׳ היא שאלה. היא חשה שרוח הקודש הזכירה לה דבר שהתרחש בזמן עבודתה במחנה מסוים, מישהו אמר לה לוודא שהעוף מבושל כראוי אחרת אנשים עלולים לחלות. היא השיבה שאיננה רוצה לחלות בימים הקרובים, במה־לך הכנס, אך לאחר מכן זה לא משנה. היא נרפאה מיד לאחר שביטלה את כוח המילים האלה עליה.

ברכת פינו

> אני מברך את הפה שלי לומר מילים טובות ובע־לות ערך ולא תפלות, ושיהיו כמו הפה של האדון. (מבוסס על ירמיהו טו פסוק 19)

ניסים רבים שישוע עשה הוגשמו על ידי דיבור בלבד. לדו־גמה, ״לך לדרכך; בנך חי״ (יוחנן ד פסוק 50). אני רוצה בזה ולכן אני מברך את פי ושומר על מה שיוצא ממנו.

אשתי ואני התאכסנו במלון בנומיה. יכולנו לשמוע תינו־קת בוכה ללא הרף במשך כל הלילה. לאחר שני לילות

כאלה, אשתי יצאה למרפסת המשותפת ושאלה את אם התינוקת מה הבעיה. היא לא ידעה בעצמה אך אמרה שהרופא נתן לה אנטיביוטיקה בשביל התינוקת זו הפעם השלישית ואין שום שיפור. אשתי שאלה אם היא מוכנה שאני אתפלל עבור התינוקת והיא הסכימה, אם כי עם קצת חששות. כך עם הצרפתית הממוצעת שלי, התפ־ ללתי עבור התינוקת והכרזתי באמונה שהיא תוכל לישון בשלווה. וכך היה.

ברכת תודעתנו
לעיתים תכופות אני אומר,

> אני מברך את תודעתי; יש בי את תודעת המשיח לכן אני חושב את מחשבותיו. שתודעתי תהיה מקום בו רוח הקודש תתענג לשכון. שאקבל מילים של ידע וחוכמה והתגלות.

מזמן לזמן, אני נאבק עם טהרת מחשבותי ואני מוצא שזה עוזר. אני מברך גם את הדמיון שלי שאשתמש בו לטוב ולא לרע. יום אחד היה לי קושי למקד את הדימיון שלי – הוא נדד לכל מיני מקומות שלא רציתי בהם – ואלוהים הרשים אותי, "ראה בדמיונך את ישוע עושה את הניסים שלו... ראה את עצמך עושה אותם". מצאתי שהרבה יותר

יעיל לחשוב במכוון על משהו טוב (אל הפיליפים ד פסוק 8) מאשר לתת למוחי לשוטט! – ברכת התודעה והדמיון שלי הוא לעזר רב עבורי על מנת להשיג את מטרת הקדושה.

פעם כשהרגשתי ירוד בגלל כישלון בדרך מחשבותי, המילים של המנון עתיק עלו בליבי:

> תהיה החזון שלי, אלוהי ליבי
> אל תהיה שום דבר עבורי פרט למי שאתה
> המחשבות שלך הן הטובות ביותר ביום ובלילה
> בעירנות או בשינה, נוכחותך והאור שלך איתי.

ברכת גופנו

האם מוכר לך הפסוק: "לב שמח ייטיב גהה" (משלי יז פסוק 22)? התנ"ך אומר כי הגוף שלנו מגיב למילים ולמחשבות חיוביות:

> אני מברך את גופי. היום אני מבטל כל בריאות רופפת בגופי. אני מברך את החיוניות הגופנית שלי.

פעם אחת הבטתי בסרטון על אדם עם בעיות לב רציניות. המעקף שלו היה סתום. למשך כשלושה חודשים

הוא ברך את עורקי הלב שלו והכריז כי הם נוצרו באופן אדיר ונפלא. בביקור חוזר אצל הרופא, התגלה כי באורח פלא נהיה לו מעקף חדש!

חשבתי לנסות זאת עבור העור שלי. מגיל נעורי הוא היה פגוע מהשמש. עתה בגילי הבוגר, גידולים קטנים התחילו להופיע על הכתפיים והגב, אשר הייתי צריך להסיר כל כמה חודשים. החלטתי לברך את העור שלי. בתחילה ברכתיו רק בשם ישוע. אך אז קראתי משהו על טיבו של העור ששינה את נקודת מבטי. הבנתי, שלמרות שהייתי מכוסה בזה, לא היה ידוע לי הרבה על האיבר הגדול ביותר בגופי. דיברתי על העור, אבל אף פעם לא דיברתי אליו. אני בספק שהיה לי דבר טוב לומר עליו – במקום זה התלוננתי. הייתי כפוי טובה.

אבל העור הוא מדהים. זו מערכת של מיזוג אויר ותב־רואה. העור מגן על הגוף מפלישת חיידקים ומרפא את עצמו. הוא מכסה ושומר על כל חלקינו הפנימיים והוא עושה זאת בצורה כה יעילה.

תודה אלוהים על העור – קמטים והכל. תבורך, עור.

לאחר כמה חודשים של ברכה מסוג זה, העור שלי הח־

לים כמעט לגמרי, אך המפתח לכך הוא כאשר החלטתי להעריך ולהיות אסיר תודה על כך. זה נברא באופן אדיר ונפלא. אכן שיעור אמיתי. התלוננות דוחה את מלכות האלוהים בעוד שהודיה מזמינה אותה.

הנה עדות מידידי, דוד גודמן:

> לפני כמה חודשים שמעתי את ריצ'רד כאשר הוא לימד על נושא הברכה – באופן כללי לא שנוי במחלוקת, אך זה הדהד בגלל הזווית שממנה זה הוצג. במשמעות, הברכה אינה חייבת להיות דבר שאנו מבקשים מאלוהים, אלא שלנו כמאמינים יש את הסמכות אם לא את המחויבות להביא זאת אל העולם הקורס, כשליחים של המשיח, להשפיע על הסובבים אותנו למען מלכות האלוהים. אנו יכולים לצאת ולברך אותם בחייהם, ובאותה הזדמנות לגלות להם את המשיח.

> הרעיון הוא יפה כאשר אנו חושבים על אחרים, אך רעיון זה היה לי כמעצור כאשר שקלתי שעלי לברך את עצמי. לא יכולתי להתנער מהמחשבה שאני לא ראוי, שאני אנוכי, שהתייחסתי לאלוהים כמובן מאליו. מחשבותי השתנו כאשר הבנתי שאנו הנולדים מחדש – חסידי ישוע, בריאה חדשה. כנולדים

מחדש אנו נבראנו עבור מטרה שאלוהים תכנן עבורינו. היות וזה כך, הגוף שיש לנו עתה הוא מקדש שרוח הקודש שוכנת בו, ולכן עלינו להעריך ולטפל בו.

לאור הנאמר, התחלתי ניסוי קצר - כל יום שאתעורר, אברך חלק מסויים בגופי, אודה לו על פעולתו; אשבח אותו על עבודתו הטובה. אשבח את אצבעותי על הזריזות שלהן, על המיומנות שלהן ועשיית כל מה שנדרש מהן ועוד. אשבח ואודה לרגליי על עבודתן המתמדת בסיפוק תחבורה ומהירות, על יכולתן לתפקד בהרמוניה. שיבחתי את גופי על כל חלקיו אשר פועלים טוב ביחד. דבר משונה יצא מכל זה.

משום שהרגשתי טוב יותר גופנית ונפשית, הסבתי את מחשבותי לכאב ממושך שהיה לי כבר חודשים בחלק התחתון של הזרוע - כאב שנראה שהיה בעצם ונזקק לשפשוף מתמיד על מנת להשכיח לפחות חלקית את הכאב המתמיד. התרכזתי על איזור זה, כאשר אני משבח את גופי על יכולתו להרפא, על העקשנות להתגבר על האתגרים שבפניו, על התמיכה שחלקי הגוף נותנים אחד לשני בזמן שריפוי ניתן לאחר. לאחר כשלושה שבועות בלבד

התעוררתי בוקר אחד ושמתי לב שהכאב בזרוע נעלם; הוא נעלם לגמרי ולא חזר.

הגעתי למסקנה שבעוד יש מקום וזמן למתנות הריפוי שמופעלות דרך אמונה לטובת הזולת, ישנה עוד דרך פתוחה עבורנו לשלב את מתנות הריפוי בתוכנו. זה שיעור בענווה, שאנו יכולים לבטוח במה שאלוהים נתן לגופנו. אנחנו יכולים לצעוד קדימה בבטחון בדרך חדשה ומלאת חיים.

קיבלתי עדויות רבות על ריפוי גופני כתגובה לברכות. תוכל לקרוא על כך ב -
www.richardbruntonministries.org/testimonies.

ברכת ביתך, נישואיך וילדיך

ביתך – ברכה טיפוסית לבית
זהו רעיון טוב לברך את ביתך, ולעשות זאת מחדש לפחות פעם בשנה. בפשטות, זה כרוך בשימוש הסמכות הרוח-נית שניתן לנו בישוע המשיח על מנת לחנוך ולהקדיש את המקום לאדוני. זוהי הזמנה לרוח הקודש לבוא, ומחייב כל דבר אחר שלא מאדוני לצאת.

הבית אינו רק תערובת של חומרי בנייה – אלא יש לו גם אישיות. כמו שיש לך גישה חוקית לביתך עכשיו, למישהו אחר היתה גישה חוקית לבית לפניך. יתכן שדברים התר־חשו במקום הזה שהביאו או ברכות או קללות. לא משנה מה קרה, זוהי הסמכות שלך שתכריע מה תהיה האווירה הרוחנית מעתה והלאה. אם יש פעילות של שדים שעדיין מתרחשת מהבעלים הקודמים, יש סיכוי שתחוש בזה – זה בידיים שלך להשליך את הכוחות האלה החוצה.

כמובן, עליך לקחת בחשבון אילו כוחות של שדים הכנסת בהיסח הדעת לביתך. האם יש לך ציורים, חפצים, ספ־רים, מוסיקה או סרטי וידאו שמקודשים לאלוהים אחרים? אילו תוכניות טלויזיה אתה מרשה להקרין בביתך? האם יש חטא בביתך?

הנה ברכה פשוטה שאתה יכול לברך בלכתך מחדר לחדר בבית:

> אני מברך את המבנה הזה, ביתנו. אני מכריז שהבית הזה שייך לאלוהים, אני מקדיש אותו לו ושם אותו תחת הסמכות של ישוע המשיח. זהו בית ברכה. אני שובר כל קללה בבית הזה בסמכותו של דם ישוע. בסמכותו ובשמו של ישוע אני מצווה על כל רוח רעה או שד כלשהו לצאת מכאן ואוסר עליהם

לשוב. אני מצווה על כל רוח של סכסוך, מחלוקת וריב ועוני, לצאת.

בואי רוח הקודש וסלקי כל דבר שלא ממך. מלאי את הבית הזה בנוכחותך. תני שתכונות רוחך יביאו: אהבה, רינה, שלום, אדיבות, סבלנות, טוב לב, עדי־נות, נאמנות וריסון עצמי. אני מברך את הבית הזה בשפע של שלום ואהבה. שכל אחד שנכנס לבית הזה יחוש את נוכחותך ויתברך. בשם ישוע, אמן.

הלכתי סביב גבולות החלקה שלי, בירכתי רוחנית ויישמתי את דם ישוע המשיח להגנה על החלקה, האנשים שבה, מכל רוח רעה ואסון טבע.

הנישואין שלכם

הנישואים שלנו מבורכים או מקוללים, זה תלוי בנו. כאשר קראתי לראשונה את האמירה הזו בספר כוח הברכה ע י קארי קירקווד, הייתי קצת המום. האם זה אמת?

הקדשתי לכך הרבה מחשבה, ואני מאמין שדברים אלה ברובם נכונים - כל חוסר שמחה בנישואינו ועם ילדינו זה משום שאיננו מברכים אותם! על ידי הברכה, אנו מקב־לים את כל תוכניותיו הטובות של אלוהים עבורנו במידה

מלאה – כולל חיים ארוכים ויחסי אנוש בריאים. אנו נהיים חלק, או שותפים, עם מה ועם מי שאנו מברכים.

היזהר מקללות. בעלים ונשים מכירים מאוד טוב אחד את השני. אנו מכירים את כל הכפתורים הרגישים. האם אתה אומר משפטים כאלה? האם דברים שכאלה נאמרו עליך? "אתה אף פעם לא מקשיב", "הזיכרון שלך נורא". "אתה לא יודע לבשל", "אתה חסר תקווה ב..." אם זה נאמר לעתים תכופות, מילים שכאלה נהיות לקללה והופכות למציאות.

אל תקלל, תברך. זכור, אם אתה מקלל (אומר מילים לא בונות) לא תירש את הברכה שאלוהים רוצה עבורך. גרוע מזה, הקללה משפיעה עלינו יותר מזה שאנו מקללים. האם זאת יכולה להיות אחת מהסיבות שהתפילות אינן נענות?

ללמוד לברך זה כמו ללמוד שפה חדשה – מוזר בתחילה. לדוגמה,

> ניקול, אני מברך אותך בשם האב, הבן ורוח הקודש. אני מתיר את כל הטוב של אלוהים עליך. שכל כוונותיו של אלוהים עבור חייך יתגשמו.

אני מברך את מתנתך בהתחברות עם אנשים ובאהבתך אליהם – מתנתך באירוח לבבי. אני מברך את מתנתך בעזרה לאנשים להרגיש בנוח. אני מצהיר שהינך מארחת תחת חסותו של אלוהים, ושאת מקבלת אנשים כמו שהוא היה מקבל. אני מברך אותך באנרגיה שתלווה אותך אפילו בשנים יותר מאוחרות. אני מברך אותך בבריאות ואורח חיים ושמחה.

הילדים שלכם

ישנן דרכים רבות לברך ילד. הנה הדרך בה אני מברך את נכדתי בת הארבע:

אשלי, אני מברך את חייך. שתהיי אישה יראת אלוהים נפלאה. אני מברך את מחשבותיך שתהיינה בריאות. שתהיה לך חוכמה והבחנה בכל החלטה. אני מברך את גופך שישאר טהור עד יום נשואייך, ושתהיי בריאה וחזקה. אני מברך את ידייך ורגלייך שתעשנה את העבודה שאלוהים תכנן עבורך. אני מברך את פיך. שמילות עידוד ואמת יצאו ממנו. אני מברך את ליבך שיהיה כנה לאדון. אני מברך את חייהם של בעלך לעתיד ושל ילדיך לעתיד בחיים של אושר ועושר ואחדות. אני אוהב כל מה שכרוך בך, אשלי, ואני גאה להיות הסבא שלך.

כמובן, היכן שילדים נאבקים בשטח מסוים אנו יכולים לברך אותם בהתאם. אם הם מתקשים ללמוד בבית ספר, אנחנו יכולים לברך את שכלם שיזכרו ויבינו את השיעורים ואת הרעיון שמאחוריהם: אם מתייחסים אליהם בבריונות, אנו יכולים לברך אותם שיגדלו בחכמה ושיעור קומה ושימצאו חן בעיני אלוהים וילדים אחרים: וכו'.

אני זוכר שהייתה לי שיחה עם אישה נהדרת, יראת אלוהים על הנכד שלה. כל דבר שאמרה עליו היה ממוקד על חולשותיו, היחס המרדני שלו וההתנהגות הבעייתית שלו בבית הספר. הוא נשלח למחנה על מנת שיוכל לקבל עזרה בכדי ללכת בדרך הנכונה, אך הושלך הביתה שוב בגלל התנהגות מאוד לא הולמת.

לאחר שהקשבתי זמן מה, רמזתי לאישה שבאופן בלתי מכוון היא מקללת את הנכד שלה בדרך בה היא מדברת אליו, ושהיא אוסרת אותו במילותיה. אז, היא הפסיקה לדבר באופן שלילי, ובמקום זאת היא במכוון בירכה אותו. בעלה, הסבא של הילד, עשה כדומה. תוך ימים ספורים, הילד השתנה לגמרי, חזר למחנה ופרח. איזו תגובה מהירה לכוחה המופלא של הברכה!

אחד הדברים הנפלאים ביותר שאב יכול לתת לילדיו הם ברכותיו. למדתי זאת מספר נהדר – 'ברכת האב'

ע"י פרנק המונד. ישנה תחושה שמשהו חסר בלי ברכת האב - נוצרת ריקנות ששום דבר אינו יכול למלא אותה. אבות, סימכו הידיים שלכם על ילדיכם ועל בני משפחה אחרים, (לדוגמה, תניחו ידיכם על ראשם או כתפיהם) וברכו אותם לעיתים קרובות. גלה את הדברים הטובים שאלוהים יעשה עבורך ועבורם.

בכל פעם שאני חולק מסר זה, אני שואל גברים ונשים, "על מי מכם אביהם סמך ידיו עליהם וברך אותם"? אנשים מעטים מאוד הרימו את ידיהם. אז שאלתי את השאלה בצורה הפוכה: "על מי מכם אביהם מעולם לא סמך ידיו עליהם וברך אותם"? כמעט כולם הרימו את ידיהם.

ולאחר מכן אני שואל אם הם ירשו לי להיות אב רוחני עבורם ברגע הזה – תחליף – כך שאוכל בעזרת רוח הקודש לברך אותם בברכה שהם מעולם לא קיבלו. התגובות היו מרשימות ביותר: דמעות, שחרור, רינה, ריפוי. פשוט מדהים!

אם אתה משתוקק לברכת האב, כמוני, אמור בכל ערב את הברכה הבאה על עצמך, זוהי ברכה שאימצתי מספרו של פראנק המונד.

ברכת האב

אני אוהב אותך ילדי. אתה מיוחד. אתה מתנה מאלוהים עבורי. אני מודה לאלוהים על הרשות להיות אב עבורך. אני אוהב אותך ואני גאה בך.

אני מבקש שתסלח לי על דברים שעשיתי ואמרתי שפגעו בך. ועל הדברים שלא עשיתי, ועל המילים שאף פעם לא אמרתי שרצית לשמוע.

אני שובר וחותך כל קללה שעקבה אחריך כתוצאה מהחטאים שלי, החטאים של אמך והחטאים של אבותיך. אני משבח את אלוהים שישוע נהיה לקללה על הצלב בכדי שנוכל לצאת מתחת לכל קללה ולהכנס לברכה.

אני מברך אותך בריפוי כל הפצעים של הלב – פצעים של דחיה, הזנחה והתעללות שסבלת. בשם ישוע, אני שובר את הכוח של המילים האכזריות וחסרות הצדק שנאמרו עליך.

אני מברך אותך בשלום רב, השלום שרק שר השלום יכול לתת.

אני מברך את חייך בפוריות: פרי טוב, פרי בשפע ופרי שישרוד.

אני מברך אותך בהצלחה. אתה הראש ולא הזנב; אתה מעל ולא מתחת.

אני מברך את המתנות שאלוהים נתן לך. אני מברך שתהיה לך החוכמה לבחור נכון ושתפתח את מלוא הפוטנציאל שלך במשיח.

אני מברך אותך בשגשוג רב, שמאפשר לך להיות ברכה לאחרים.

אני מברך אותך בהשפעה רוחנית, כי אתה אור העולם ומלח הארץ.

אני מברך אותך בעומק של הבנה רוחנית וקשר הדוק עם האדון.

אתה לא תמעד, או תהסס, כי דבר אדוני הוא נר לרגלך ואור לנתיבותיך.

אני מברך אותך שתראה נשים וגברים איך שישוע ראה ורואה אותם.

אני מברך אותך לראות, למשוך ולחגוג את הזהב שבאנשים ולא את הליכלוך.

אני מברך אותך שנוכחותו של אלוהים תהיה במ־קום העבודה שלך – לא רק להעיד או להיות דוגמה לאופי טוב, אבל גם לפאר את אלוהים במצויינות וביצירתיות של עבודתך.

אני מברך אותך בחברים טובים. שתמצא חן בעייני אלוהים ואנשים.

אני מברך אותך באהבה שופעת וגדושה, שממנה תשרת את חסד אלוהים עבור אחרים. אני מברך אותך שתחשוף אחרים לנחמתו וחסדו של אלוהים. אתה מבורך, ילדי! אתה מבורך בכל הברכות הרו־חניות במשיח ישוע. אמן!

עדויות על ערך ברכת האב

השתניתי על ידי ברכת האב. מאז שנולדתי אף פעם לא שמעתי מסר כזה. מעולם לא היה לי אב ביולוגי שיכול היה להדריך אותי בחיי ולהביא אותי להיכן שאני נמצא היום. אלוהים משתמש בך, ריצ׳רד, כדי להביא אותי לנקודה בה הייתי צריך להתפלל

שיהיה לי אב רוחני שיכריז את ברכת האב על חיי. כששיחררת את ברכת האב – לבן, ליבי התנחם ועתה אני מאושר ומבורך. – רועה קהילה וויקליף אלומאסה, קניה.

זה היה מסע ארוך וקשה, לנווט את דרכי בתקופה של דיכאון: קרב שנלחם בחזיתות רבות – נפש, רוח, גוף. בסיכומו של דבר ריפוי העבר שלי היה המפתח קדימה והדבר המשמעותי ביותר היה הסליחה לאבי – לא רק עבור הדברים שהוא עשה והכאיבו לי אבל יותר מזה הדברים שהוא לא עשה – הדברים שהשמיט. אבי אף פעם לא אמר לי שהוא אוהב אותי. היה לו מחסום נפשי. הוא לא יכול היה להתבטא במילים של אהבה, דאגה או רגש – למרות התשוקה בנפשי לשמוע אותם.

תוך מסע הסליחה והריפוי העצמי הדיכאון נמוג, אני עדיין נשאתי כמה תסמינים פיזיים – הגדול ביותר היה תסמונת המעי הרגיז. הרופא המליץ לי על תרופות ותזונה מסוימת אך השינוי היה קטן, כאשר מטרתם הייתה לנהל את הסימפטומים, בניגוד למתן ריפוי.

ידיד שלי, ריצ'רד, חלק איתי סיפורים על ברכתו של

האב, ואיך האנשים הגיבו. משהו ברוחי תפס את הרעיון. נעשתי מודע לעובדה כי בעוד שסלחתי לאבי על הפער שהשאיר, לא מילאתי את הפער הזה למעשה או סיפקתי את ההשתוקקות הנפשית בתוכי.

וכך זה קרה. בוקר אחד בבית קפה, במהלך ארוחת הבוקר, ריצ'רד מילא את התפקיד שאבי לא היה יכול למלא ובירך אותי כבנו. התמלאתי ברוח הקודש והרגשתי את נוכחותה כל אותו היום. זאת היתה חוויה נהדרת וחלק זה בנפשי שהשתוקק לעזרה התמלא בשלום.

ואולם התוצאה הבלתי צפויה היתה שהסימפטומים של המעי הרגיז נעצרו לחלוטין. הפסקתי את התרופות והדיאטה של הרופא. כאשר נשמתי קיבלה את מה שהיא השתוקקה, גם גופי נרפא. – ריאן

אמרתי וקראתי בקול את "ברכת האב" על עצמי. בקושי יכולתי לבטא זאת בקול רם – פשוט בכיתי ובכיתי וחשתי כי אלוהים מרפא אותי. אבי רק קילל אותי ודיבר באופן שלילי אלי עד מותו. איך שהוא חשתי שחרור. – מנדי

ברכת האב היוותה השפעה משמעותית בכל מקום אשר דיברתי בו. אתם יכולים לקרוא מספר עדויות ב -
www.richardbruntonministries.org/testimonies,
ולצפות בוידאו על ברכת האב ב -
www.richardbruntonministries.org/resources.

ברכת אחרים על ידי דברי נבואה
אם כי נתתי דוגמאות כדי לעזור לך להתחיל, טוב לבקש מרוח הקודש שתעזור לך להיות כמו הפה של אלוהים, להכריז ולשחרר את רצונו הספציפי או לומר 'מילה בעונה' (המילה הנכונה בזמן הנכון). אם המצב מאפשר, הפעל את רוחך בתפילה בלשונות או בהלל.

אתה יכול להתחיל באמצעות המודלים השונים לעיל, אך האמן בהדרכתה של רוח הקודש. הקשב לדופק לבו של אלוהים. יתכן שתתחיל בהיסוס אך בקרוב תבחין בליבו.

ברכת מקום עבודתך
חזור לחלק הראשון והתאם את הדוגמה שנתתי מניסיוני האישי, לנסיבות שלך. תהיה פתוח למה שאלוהים מראה לך – הוא עשוי לשנות את נקודת ההיבט שלך. ברכה היא איננה סוג של לחש קסם. לדוגמה, אלוהים לא יגרום לא-

נשים לקנות מה שהם לא צריכים או לא רוצים. כמו כן אלוהים לא יברך עצלנות וחוסר יושר. אך אם אתה עומד בדרישותיו אז כדאי שתברך את העסק – שאלוהים יעזור לך להביא אותו מהמקום שבו הוא נמצא עכשיו למקום שבו הוא רוצה שזה יהיה. הקשב לייעוץ שלו או לייעוץ מא־נשים שהוא שולח לך. תהיה פתוח. אך גם תצפה לטובתו, כי הוא אוהב אותך ורוצה שתצליח.

קבלתי את העדות הבאה מבן פוקס:

> תפקידי המסויים בתעשיית הנדל״ן עברה שינויים בשנים האחרונות והיתה התדרדרות משמעותית בעסק שלי. פניתי לכמה אנשים שיתפללו עבור עבודתי כי היתה ירידה בעומס העבודה שלי לרמה בה הייתי מודאג וחרד.
>
> בערך באותו הזמן, בתחילת 2015, שמעתי את ריצ׳ארד ברנטון מלמד בסדרה של דרשות על ברכת עבודתינו, עסקינו, משפחתינו, ועוד תחו־מים אחרים. עד אותו הזמן, מוקד התפילות שלי היה בבקשה מאלוהים שיעזור לי בתחומים האלה. הרעיון לברך לא היה מוכר לי, אך אני יכול עתה לראות כי זה כתוב בכתבי הקודש, ואני יודע שה־סמכות ניתנה לנו כאשר אלוהים קורא לנו לעשות

זאת בשם ישוע. אז התחלתי לברך את מקום עבודתי – ולהודות לאלוהים עבור זה. לא חדלתי מלברך את עבודתי בכל בוקר וגם להודות לו על עסקים חדשים, עם בקשה מאלוהים שישלח לי לקוחות שבאפשרותי לעזור להם.

במהלך 12 החודשים הבאים, נפח העבודה שלי גדל באופן משמעותי, ומאז, לפעמים התקשיתי להתמודד עם כמות העבודה שהגיעה אליי. למדתי שיש לכלול את אלוהים בעיסוקים היום יומיים שלנו, וברכת עבודתנו היא חלק ממה שאלוהים קורא אותנו לעשות. ולכן אני נותן לאלוהים את כל הכבוד. כמו כן התחלתי להזמין את רוח הקודש ליום עבודתי, עם בקשה לחוכמה ורעיונות יצירתיים. שמתי לב בפרט, שכאשר אני מבקש מרוח הקודש שתעזור לי עם היעילות בעבודתי, אני בדרך כלל מסיים אותה לפני הזמן הצפוי.

נראה לי שהוראת הברכה, וכיצד ליישם אותה, נשכחו על ידי קהילות רבות, מאמינים אחרים שאני מדבר איתם אינם מודעים לכך. ברכת עבודתי הפך עכשיו להרגל יום יומי, כמו ברכת אנשים אחרים. אני גם מסתכל קדימה בציפייה לראות את הפרי

באנשים ובדברים שברכתי כאשר הם בהתאם לדבר אלוהים ובשם ישוע.

ברכת קהילה
אני חושב פה על קבוצה שמאמינה במשיח ישוע – או ארגון דומה – ברכת הקהילה שבה הקבוצה פועלת.

חברי הקהילה של ...., אנו מברכים אתכם בשם ישוע להכיר את אלוהים, להבין את כוונותיו עבור חייכם, ולהיות מודעים לברכותיו על כל אחד מכם, משפחותיכם וכל המצבים בחייכם.

אנו מברכים כל משק בית בקהילת .... אנו מברכים את כל הנישואין ואנו מברכים את היחסים בבני המשפחה בדורות שונים.

אנו מברכים את בריאותכם ועושריכם. אנו מברכים את עבודת ידיכם. אנו מברכים כל מפעל בריא שאתם מעורבים בו. שהוא ישגשג.

אנו מברכים את התלמידים בבית הספר; אנו מברכים אותם ללמוד ולהבין את הנלמד. שהם יגדלו עם

חכמת חיים, שיעור קומה וחסד עם אלוהים ובני אדם. אנו מברכים את המורים ומתפללים שבית הספר יהיה מקום בטיחותי ובריא, היכן שהאמונה באלוהים ובישוע ילמדו בנוחות.

אנו פונים אל לבבות כל האנשים בקהילה זו. אנו מברכים אותם שיהיו פתוחים למשיכה של רוח הקודש ויענו עוד ועוד לקול אלוהים. אנו מברכים אותם בשפע שבמלכות השמיים שאנו חווים כאן בקהילת ....

ברור שסוג זה של ברכה צריך להיות מותאם לסוג הקהילה. אם הקהילה היא חקלאית, הנך יכול לברך את הארץ ובעלי החיים בה; אם זאת קהילה בה האבטלה נפוצה, הנך יכול לברך את העסקים המקומיים שייצרו מקומות עבודה. כוון את הברכה לצורך. אל תדאג אם הם ראויים לכך או לא! אנשים יחושו בליבם מאין הברכה באה.

ברכת הארץ
בספר בראשית אנו רואים את אלוהים מברך את האנו־שות, נותן להם שליטה על הארץ וכל יצור חי, ומצווה

עליהם להיות פוריים ולהתרבות. זה היה ההיבט המקורי של התהילה האנושית.

לאחרונה כשהייתי בקניה, פגשתי שליח שבא ללמד ילדי רחוב על חקלאות. הוא סיפר לי על קהילה מוסלמית שטענה שאדמתם מקוללת, כי דבר לא גדל עליה. ידידי השליח וקהילתו ברכו את האדמה והיא נהייתה פוריה. זו היתה הדגמה דרמטית של כוחו של אלוהים אשר הובא על ידי ברכה.

בעודי בקניה, הסתובבתי בכל החלקה של בית היתומים שקהילתנו תומכת בו, מברך את הפרדס, הגינה, התרנ־גולות והפרות שלהם (ברכתי את עצי הפרי שלי עם תו־צאות מצויינות).

ג'ף וויקלנד מספר סיפור על קהילה בפיליפינים שבר־כה חלקת אדמה שהיתה שייכת לכנסייה שלהם בזמן של בצורת מאוד קשה. אדמתם הייתה היחידה שקיבלה גשם. חקלאים שכנים באו לאסוף מים מהתעלות שסבבו חלקת אדמה זו. זהו עוד נס יוצא דופן כאשר טובו של אלוהים שוחרר דרך ברכה.

ברכת האל

אם כי השארתי את זה לסוף בעצם זה צריך לבוא בת־חילה. אך הסיבה שהכנסתי את זה בסוף היא כי זה לא תואם את הדגם של 'הכרזת כוונותיו של אלוהים או חסדו על משהו או מישהו' אלא ,זה הרעיון של 'תהיה שמח'.

כיצד אנו מברכים את אלוהים? דרך אחת לעשות זאת מוצגת לנו במזמור קג:

> ברכי נפשי את אדוני ... ועל תשכחי כל גמוליו...

מה היתרונות של אדוני כלפי נשמתינו? הוא סולח, מרפא, גואל, ממליך, מספק, מחדש...

אני עושה זאת כהרגל לזכור ולהודות כל יום על מה שהוא עושה בי ודרכי. אני זוכר ומעריך את כל מה שהוא עבו־רי. זה מברך אותו, וגם אותי! איך אתה מרגיש כאשר ילד מודה או מעריך אותך עבור משהו שעשית או אמרת? זה מחמם את ליבך וגורם לך לרצות לעשות יותר עבורם.

מילים אחרונות מקורא

קשה להסביר איך הברכה שינתה את חיי. בניסיוני

הקצר עד כה, אף אחד לא סרב לקבל ברכה כשה־
צעתי לתת – הייתה לי הזדמנות לברך איש מוסלמי.
ההצעה להכריז ברכה על משהו פותחת דלת... זו
דרך כה פשוטה, ולא מאיימת להביא את מלכות
האלוהים לתוך מצב, או חיים של אדם. בשבילי
היכולת להכריז ברכה הוסיף כלי מאוד מיוחד למע־
רכת כליי הרוחניים... זה כמו חלק מחיי שהיה חסר
ועתה משובץ במקומו... – סנדי

מילים אחרונות מהסופר
אני מאמין שזה מאלוהים:

מאמין בישוע, אם רק ידעת את הסמכות שיש לך
בישוע המשיח היית משנה את העולם.

יישומים בחיי היומיום

- חשוב על אדם אשר פגע בך – תסלח אם נחוץ, אך אז לך קדימה ותברך אותו.

- שקול דברים אשר אתה אומר בדרך כלל כאשר אתה מקלל אחרים או את עצמך. מה אתה עומד לעשות בנוגע לכך?

- כתוב ברכה בעבור עצמך, בן זוגך / בת זוגתך וילדי־כם.

- פגוש אנשים אחרים והיה פתוח לתת דברי נבואה עבורם. בקש מאלוהים שיגלה לך דברי עידוד עבורם. התחל בדיבור במונחים כלליים, לדוגמה "אני מברך אותך בשם ישוע. שתכניות אלוהים עבורך וכוונותיו עבור חייך יבואו לידי מימוש..." וחכה, היה סבלני. זכור שיש לך את מחשבות המשיח. לאחר מכן החלי־פו תפקידים ותן לאדם האחר לברך אותך.

- בקהילה שלך, צרו ברכות משותפות ליצירת קשר עם הקהילה וריפוי האזור שלך, או ברכת המשימה שכבר יש לכם.

כיצד להיות משיחי

הספרון הקטן הזה נכתב עבור משיחיים. כאשר אני אומר 'משיחיים', אינני מתכוון רק לאנשים שחיים חיים טובים. אלא אנשים 'שנולדו מחדש' על ידי רוח אלוהים אשר אוהבים והולכים אחרי ישוע המשיח בדרך שהוא מדריך אותם.

האדם מורכב משלושה חלקים: רוח, נפש וגוף. הרוח עוצבה כדי ללמוד להתאחד עם אלוהים קדוש, אשר הוא רוח. האנושות נוצרה כדי שיהיה קשר אינטימי עם אלוהים, רוח אל רוח. עם זאת, חטא אנושי מפריד אותנו מאלוהים וכתוצאה מכך מותה של הרוח שלנו ואובדן התייחדות עם אלוהים.

כתוצאה, אנשים נוטים לפעול מנשמותיהם או מבשרם בלבד. הנפש מכילה תבונה, רצון ורגשות. התוצאה מכך ברורה וגלויה לעין בעולם: אנוכיות, גאווה, חמדנות, רעב, מלחמות וחוסר שלום אמיתי ומשמעותי.

אך לאלוהים היתה תוכנית לגאול את האנושות. אלוהים

האב שלח את בנו, ישוע, שהוא אלוהים גם כן, כדי להראות לנו מי הוא אלוהים ככתוב – "אם ראית אותי ראית את האב" – ולקח על עצמו את תוצאות החטא שלנו. מותו הנורא על הצלב היה מתוכנן מבראשית ומובא בפרוט בתנ"ך. הוא שילם את מחיר החטא של בני האדם. בכך הצדק האלוהי היה מרוצה.

אבל אז הקים אלוהים את ישוע מהמתים. ישוע מבטיח כי אלה שמאמינים בו גם כן יוקמו מהמתים ויחיו לנצח איתו. הוא נותן לנו את רוחו, כעירבון, כדי שנוכל להכירו ולהתהלך עמו לשארית חיינו עלי אדמות.

הנה כאן תמצית בשורת ישוע המשיח. אם תכיר ותתוודה על חטאיך, אם תאמין שישוע קיבל את עונשיך על עצמו על הצלב ושהוא הוקם מן המתים, אז צדקתו תזכה אותך. אלוהים ישלח את רוחו כדי לחדש את רוחך – זהו מובן הביטוי להיוולד מחדש – ותוכל להכיר את אלוהים ולנהל שיחה אינטימית איתו – שזו הסיבה שברא אותך מלכתחילה! כאשר גופך הפיזי ימות, המשיח יקימך מן המתים ויתן לך גוף מהודר, שיחייה לנצח. וואו!

בעוד שאתה ממשיך את חייך עליי אדמות, רוח הקודש (שהוא גם אלוהים) תעבוד בתוכך (לנקות אותך ולדמות אותך יותר לאופיו של ישוע) ודרכך (להיות ברכה לאחרים).

אלה שבוחרים לא לקבל את מה שישוע שילם עבורם יש־פטו עם התוצאות הכרוכות בכך. אתה לא רוצה את זה.

הנה תפילה שאתה יכול להתפלל. אם תתפלל זאת בכ־נות תיוולד מחדש.

אלוהים היקר שבשמיים, אני בא אליך בשם ישוע. אני מתוודה בפניך שאני חוטא (תתוודה על כל חטאיך הידועים לך) אני באמת מצטער על חטאיי והחיים שחייתי בלעדיך ואני זקוק לסליחתך.

אני מאמין שבנך יחידך, ישוע המשיח, שפך את דמו היקר על הצלב ומת עבורי, ואני מוכן להנקות מח־טאיי.

אמרת בכתבי הקודש (אל הרומים י פסוק 9) כי אם נצהיר שישוע הוא אדון ונאמין בליבנו שאלוהים הקי־מו מן המתים, אנו נוושע.

עתה אני מודה כי ישוע הוא האדון של נפשי. אני מאמין שאלוהים הקימו מהמתים. ברגע זה אני מקבל את ישוע המשיח כמושיעי האישי, ולפי דברו, עכשיו אני נושע. תודה לך, אדון, שאהבת אותי כל

כך שהיית מוכן למות במקומי. אתה נפלא, ישוע, ואני אוהב אותך.

עכשיו אני מבקש שתעזור לי על ידי רוחך שאהיה האדם שתכננת שאהיה עוד לפני הבריאה. אנא הדרך אותי אל מאמינים וקהילה שתבחר עבורי כך שאוכל לגדול בך. בשם ישוע, אמן.

תודה שקראת את הספר הקטן הזה.
אשמח לקבל עדויות כיצד ברכה הביאה שינוי בחייך,
או בחייהם של אלה שברכת.
אנא צור קשר עימי דרך:
richard.brunton134@gmail.com

בקר באתר
www.richardbruntonministries.org

אודות המחבר: ריצ'רד ברנטון הוא מייסד שותף של החברה קולמר ברנ־טון ב־1981 ופיתח אותה לחברת מח־קרי שוק הניו זילנדית הידועה ביותר. הוא פרש ב־2014 ומאז הקדיש את זמנו לכתיבה ולשירות בהרצאות, בניו זילנד ומעבר לה. הוא גם הסופר של הספר 'נמשח לע־בודה' – הזמנה להיכנס לעולם מרגש וממלא, היכן של ממלכת העל טבעי יש השפעה עוצמתית במקום העבו־דה.

I0310479

www.ingramcontent.com/pod-product-compliance
Lightning Source LLC
Chambersburg PA
CBHW062053290426
44109CB00027B/2818
9780473684235